Rubikon-Modell, Emotionen und Motive in der Psychologie

Bibliografische Information der Deutschen Nationalbibliothek:

Die Deutsche Nationalbibliothek verzeichnet diese Publikation in der Deutschen Nationalbibliografie; detaillierte bibliografische Daten sind im Internet über http://dnb.d-nb.de abrufbar.

ISBN: 9783346540256
Dieses Buch ist auch als E-Book erhältlich.

Druck und Bindung: Books on Demand GmbH, Norderstedt Germany
Gedruckt auf säurefreiem Papier aus verantwortungsvollen Quellen

Das vorliegende Werk wurde sorgfältig erarbeitet. Dennoch übernehmen Autoren und Verlag für die Richtigkeit von Angaben, Hinweisen, Links und Ratschlägen sowie eventuelle Druckfehler keine Haftung.

Das Buch bei GRIN: https://www.grin.com/document/1149195

Einsendeaufgabe

Allgemeine Psychologie II

Alternative A

Abgeben am 19.04.2021 im Prüfungssekretariat

SRH Fernhochschule – The Mobile University

Modul: Persönlichkeitspsychologie

Studiengang: B. Sc. Psychologie

Inhaltsverzeichnis

Abkürzungsverzeichnis

Bzw.	Beziehunsgweise
Et al.	Et alii (und andere)
fMRT	Functional magnetic resonance imaging
PET	Positronen-Emissions-Tomographie
PRF	Personality Resaerch Form
S.	Seite
TAT	Thematischer Auffassungstest
Usw.	Und so weiter
z.B.	Zum Beispiel

Abbildungsverzeichnis

Aufgabe 1

1. Rubikon-Modell

Das Rubikon-Modell der Handlungsphasen stammt von Heckhausen und Gollwitzer (1987) und beschreibt sowohl den Prozess der Zielauswahl als auch den Prozess der Zielrealisierung (Brandstätter, 2009, S. 150). Damit ist es eines der ersten Forschungsansätze, dass zusätzlich zu motivationalen auch volitionale Prozesse integriert und diese als sich gegenseitig bedingend darstellt (Englert & Bertrams, 2020, S. 2015). Der Namen des Modells beruht auf der Rubikon-Metapher, welche sich auf der Entscheidung Julius Caesars bezieht, im Jahr 49 v. Chr. mit seinen Legionen den römischen Grenzfluss Rubikon in Italien zu überschreiten. „Den Rubikon zu überschreiten" meint somit eine strategische Entscheidung zu treffen, nach dessen Entschluss es kein Zurück mehr gibt (Konrad, 2018, S. 118). Dabei ist das Rubikon-Modell in vier Phasen geteilt, welche die motivationalen Entscheidungsprozesse und den volitionalen Zielverfolgungsprozesse und die phasenspezifischen Aufgaben sowie jeweiligen Bewusstseinslagen repräsentieren (Brandstätter, 2009, S. 150; Englert & Bertrams, 2020, S. 215). In Abbildung 1 wird das Modell kurz graphisch dargestellt.

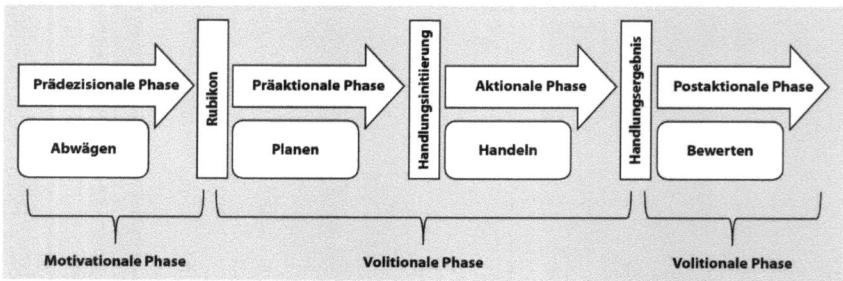

Abbildung 1: Rubikon-Modell der Handlungsphasen (Englert & Bertrams, 2020, S. 215)

Wie in Abbildung 1 zu erkennen beschreibt das Rubikon-Modell vier Phasen, die jeweils mit einer Bewusstseinslage, also einer impliziten kognitiven Orientierung, einhergehen. Zwischen den Phasen befinden sich zudem drei Übergänge, wobei der erste Übergang, in Abbildung 1 als „Rubikon" tituliert, die namensgebenden und metaphorischen Entscheidungsakt meint (Brandstätter, 2009, S. 151-152). Das Modell beginnt mit der **prädezisionalen Phase**, einer motivationalen Phase, in der verschiedene Handlungsalternativen hinsichtlich ihrer Realisierbarkeit und ihrem erwarteten Wert abgewogen werden. Während die Realisierbarkeit auf die eigene Handlungsfähigkeit zurückgeführt wird, beschreibt der erwartet Wert die Wünschbarkeit des Handlungsergebnisses, welche wiederrum von der individuellen

Motivationskonstellation der Person abhängig ist. (Englert & Bertrams, 2020, S. 216-217; Konrad, 2018, S. 119). Folglich geht also diese erste Phase mit einer abwägenden Bewusstseinslage einher und stellt die Grundlage für die Willensbildung dar. Am Ende dieses Entscheidungsprozesses wird der Rubikon überschritten, indem ein Wunsch in ein verbindliches Ziel umgewandelt wird und die erste volitionale Phase eingeleitet wird (Brandstätter, 2009, S. 151-152; Englert & Bertrams, 2020, S. 216). Die folgendene **präaktionale Phase** ist eine volitionale Phase, in der eine planende Bewusstseinslage vorliegt. Das Bedeutet, dass gedanklich geplant, wie die intendierte Handlung durchgeführt werden kann (Englert & Bertrams, 2020, S. 217). Dazu wird überlegt, wann und mit welchen Mitteln die Zielrealisierung initiiert wird (Brandstätter, 2009, S. 151). Als unterstützende Maßnahme dienen sogenannte Implementierungsintentionen, wie beispielsweise der Durchführungsvorsatz, bei welchem präzise festgelegt wird, wann, wo und wie die Handlungsintention realisiert wird (Goschke, 2017, S. 264; Konrad, 2018, S. 119). Diese kognitive Assoziation einer antizipierten Situation mit einem konkreten Verhalten bewirkt, dass bei Eintritt der Situation das vorgenommene Handeln automatisch ausgelöst wird, um die Zielintention zu erreichen (Englert & Bertrams, 2020, S. 217). Der Übergang zur nächsten Phase äußert sich in der konkreten Handlungsinitiierung. (Brandstätter, 2009, S. 151). Die dritte Phase, **aktionale Phase** genannt, ist ebenfalls eine volitionale Phase, aber mit handelnder Bewusstseinslage, in der das entwickelte und geplante Ziel nun durch konkrete Umsetzung des Handlungsplans erreicht werden soll (Englert & Bertrams, 2020, S. 217). Hier spielen vor allem Prozesse der Handlungskontrolle eine bedeutsame Rolle (Konrad, 2018, S. 119-120). Zudem bedingt auch die Volitionsstärke, also der Grad der Realisierbarkeit und des Wertes einer Zielintention, die Umsetzung des Handlungsplans hinsichtlich ihrer Persistenz (Englert & Bertrams, 2020, S. 216-217). Am Ende der aktionalen Phase steht der letzte Übergang, welcher die Bewertung der Handlungsergebnisse umfasst (Brandstätter, 2009, S. 151). Die **postaktionale Phase** ist dann wieder eine motivationale Phase und geht mit einer bewertenden Bewusstseinslage einher. In ihr wird die ausgeführte Handlung hinsichtlich ihrer Ausführung, Ergebnisse und Folgen bewertet und mit der gesetzte Zielintention verglichen (Konrad, 2018, S. 120). Wurde das Handlungsziel erreicht, kann dieses deaktiviert werden. Führte die Handlung hingegen nicht zu einem adäquaten Ergebnis, welches nicht mit der Zielintention übereinstimmt, so müssen alternative Handlungen initiiert werden oder das Anspruchsniveau gesenkt werden, um das Ziel deaktivieren zu können Englert & Bertrams, 2020, S. 218).

Das Rubikon-Modell integriert und verbindet also Motivation und Volition, um nicht nur die Zielwahl, sondern auch die Zielrealisierung zu beschreiben und zu erklären (Achtziger &

Gollwitzer, 2018, S. 357). Auf Grundlage dieser Erkenntnisse sollen im folgenden Kapitel die Begriffe Motivation und Volition unterschieden werden.

1.1 Unterscheidung von Motivation und Volition

Der Begriff Motivation beschreibt ein mehrdeutiges Konstrukt, welches auf Basis verschiedener wissenschaftlicher Ansätze auch verschieden definiert werden kann (BeckerCarus & Wendt, 2017, S. 486). Im Folgenden soll Motivation hinsichtlich seiner Bedeutung für das Rubikon-Modell aus kognitiv orientierter Sicht betrachtet werden. Dabei bezieht sich Motivation ausschließlich auf den Prozess der Zielsetzung. Bedingt ist die Motivation hierbei durch den Erwartungswert und die Realisierbarkeit der zunächst unverbindlichen Wünsche eines Individuums (Becker-Carus & Wendt, 2017, S. 529). Stehen dann konkrete Prozesse der Zielrealisierung im Fokus wird der Begriff Volition verwendet (Achtziger & Gollwitzer, 2018, S. 361). Somit meint Volition hier das Streben nach bzw. das Umsetzen von motivationsbedingten Zielen und deren Aufrechterhaltung (Becker-Carus & Wendt, 2017, S. 529). Während Abwägen und Bewerten motivationale Phasen darstellen, sind Planen und Handeln volitionale Phasen (Strobach & Wendt, 2019, S.54).

Das Rubikon-Modell findet trotz seines relevanten Ansatzes Motivation und Volition zu differenzieren, Kritik hinsichtlich des Abschirmungs-Unterbrechungs-Dilemmas kritisiert. Dies meint, dass potentiell störende Reize abgeschirmt werden, um Handlungsplan und Zielintention zu schützen. Dabei wird die Möglichkeit sich flexibel an Situationen anzupassen erschwert und neue relevante Informationen können nicht wahrgenommen werden. Dennoch scheint die Abschirmung in der aktionalen Phase von hoher Bedeutung zu sein (Englert & Bertrams, 2020, S. 218). Eine Theorie, die besonders die Abschirmung konkurrierender Motivationstendenzen beleuchtet, soll im Kapitel 1.2 genauer vorgestellt werden.

1.2 Handlungskontrollstrategien

In der Handlungskontrolltheorie nach Kuhl (1984) wird davon ausgegangen, dass bei der Bewältigung von Handlungen widerstreitende Handlungstendenzen Grund für Handlungskonflikte darstellen. Mittels der sogenannten Handlungskontrollstrategien soll es aber möglich sein diesen Konflikt aufzulösen bzw. die eigentliche Handlungsintention vor konkurrierenden Handlungstendenzen zu schützen (Brandstätter & Hennecke, 2018, S. 347; Brandstätter, Schüler, Puca & Lozo, 2018, S. 148). Diese Handlungskontrollstrategien sollen zunächst vorgestellt werden.

Aufmerksamkeitskontrolle: Die Aufmerksamkeit soll auf die für die Zielintention relevanten Informationen fokussiert werden.

Enkodierungskontrolle: Zielintentionsrelevante Informationen sollen verarbeitet und tiefer abgespeichert werden.

Motivationskontrolle: Die positiven Anreize des Ziels sollen fokussiert werden.

Emotionskontrolle: Es sollen zielförderliche Emotionen hervorgerufen werden. Umweltkontrolle: Ablenkende Reize aus der Umwelt sollen abgeschirmt werden. (Brandstätter et al., 2018, S. 149; Schmithüsen, 2015, S.75).

Die Handlungskontrollstrategien können bewusst durch Selbstkontrolle eingesetzt werden, aber auch in passiver Form unbewusst durch Selbstregulation eintreten (Englert & Bertrams, 2020, S. 220). Die Zielerreichung ist vor allem vom Kontrollzustand abhängig, also der Tendenz zur Handlungsorientierung, in der die Strategien flexibel und adäquat umgesetzt werden können oder der Lageorientierung, in welcher negative Gedanken bezüglich zurückliegender, gegenwertiger oder zukünftiger Ereignisse die Handlung blockieren. Die jeweilige Tendenz entwickelt sich zum einem aus den gegebenen Umständen und zum anderen aus persönlichen Dispositionen (Brandstätter et al., 2018, S. 149).

1.2.1 Beispiel zum Einsatz der Handlungskontrollstrategien

Die Handlungskontrollstrategien nach Kuhl (1984) können beispielsweise in ihrer Bedeutung anhand des Beispiels Profisport beschreiben werden. So würde ein Sportler in einem Boxkampf mutmaßlich höhere Erfolge erzielen, wenn er sich mittels Motivationskontrolle während des Trainings auf die positiven Folgen des Gewinnens konzentriert und durch Emotionsregulation vor dem Wettkampf auf positive Emotionen fokussiert bzw. Angst- und Nervositätszustände reguliert. Zudem sollte der Sportler während des Wettkampfs irrelevante Reize, wie Zwischenrufe und Lärm der Zuschauer mithilfe von Umweltkontrolle ausblenden und seine Aufmerksamkeit auf den Kampf ausrichten sowie wichtige Informationen, wie zum Beispiel Anzeichen für Schwachstellen des Gegners, aufnehmen und abspeichern. Um all diese Strategien umsetzten zu können ist die Handlungsorientierung von immenser Bedeutung für den Sportler, da sie nicht nur seine sportliche Leistung steigern kann, sondern auch Misserfolgserfahrungen besser verarbeitet werden können, wodurch sein Handeln nicht blockiert wird, wie es bei der Lageorientierung der Fall wäre. Zusammenfassend ist also besonders der Kontrollzustand des Sportlers für die erfolgreiche Umsetzung der Handlungskontrollstrategien relevant. Weist der Sportler eine Handlungsorientierung auf können Misserfolge besser verarbeitet werde sowie kognitive Ressourcen effektiver mobilisiert werden, wodurch die Handlungskontrollstrategien umgesetzt werden können, die wiederrum hohe Relevanz für die Steigerung der sportlichen Leistung sind (Englert & Bertrams, 2020, S. 219-222).

Aufgabe 2

1. Definition Emotionen

Mit Emotionen werden im Alltag oft Begriffe wie Ärger, Freude, Stolz, Angst, Wut usw. assoziiert (Bak, 2019, S.146). Auch Synonyme wie Gefühle oder Stimmung finden dabei Verwendung. Von diesen Ausdrücken müssen Emotionen zunächst klar abgegrenzt werden, da sich Gefühle nur auf subjektives Erleben beziehen und Stimmungen von enger zeitlicher Begrenzung geprägt sind sowie keinen Objektbezug ausweisen (Strobach & Wendt, 2019, S. 51). Emotionen weisen im Rahmen dieser Abgrenzung die Merkmale Affektivität und damit einhergehende Verhaltenstendenzen, Intentionalität, welches Objektgerichtetheit meint und eine zeitliche Dynamik auf. Möchte man den Begriff Emotionen genauer definieren, so wird erkenntlich, dass es sich um einen mehrdeutigen und weitgefassten Terminus handelt, welcher bis heute keinen allgemeingültigen wissenschaftlichen Konsens in einer einheitlichen Definition finden konnte (Eder & Brosch, 2017, S. 188). Folglich existieren auch verschiedene Ansätze und Formen zur Klassifikation von Emotionen, wobei auf diskrete oder dimensionale Emotionsmodelle zurückgegriffen werden kann. Während im diskreten Ansatz eine definierte Anzahl von sogenannten Basisemotionen oder „primären" Emotionen klassifiziert wird, deren Kombination zusätzliche Emotionen erzeugen, wird im Dimensionalen Ansatz eher ein dimensionales Feld vermutet, auf welchem sich Emotionen auf einem Kontinuum hinsichtlich ihrer Valenz und Erregung einordnen lassen (Bak, 2019, S.147.149; Eder & Brosch, 2017, S. 192). Nach Gerrig (2018) wird eine Emotion verallgemeinert „als ein komplexes Muster körperlicher und mentaler Veränderungen verstanden, darunter physiologische Erregungen, Gefühle, kognitive Prozesse und Reaktionen im Verhalten als Antwort auf eine Situation, die als persönlich bedeutsam wahrgenommen wird." (S. 436). Es zeigt sich also das Emotionen sehr differenziert zu betrachten sind und sich aus mehreren Komponenten zusammensetzen. Dabei umfassen Emotionen drei Komponenten die sich auf die physiologische Erregung, das Ausdrucksverhalten und die bewussten Erfahrungen beziehen (Myers, 2014, S. 496). Die physiologische Komponente von Emotionen beinhaltet körperlich-physiologische Veränderungen wie beispielsweise hormonale oder viszerale Erregung (Becker-Carus &Wendt, 2017, S. 540). Diese Komponente ist recht einfach objektivierbar und kann beispielsweise durch neurobiologische Messmethoden, wie bildgebende Verfahren, gemessen werden. Die subjektive Erlebenskomponente hingegen bezieht sich auf die das eigenen psychologische Erleben und Interpretieren, wodurch es nicht objektiv erfassbar ist. Dennoch kann das subjektive Erleben mittels Befragungen und Selbstberichten untersucht werden, wobei diese Forschungsmethoden aber fehleranfällig sein können (Eder & Brosch, 2017, S. 191). Die letzte Komponente, auch Verhaltenskomponente genannt, bezieht sich auf Handlungsbereitschaft und Ausdruck, die mit Emotionen einhergehen. Dabei sind vor allem Mimik, Haltung und Stimme ausschlaggebend in der Emotionsforschung. Es zeigte sich bei Untersuchungen dieser Komponente, dass spezifische Gesichtsausdrücke in Bezug zu Basisemotionen einen universellen Charakter haben und kulturübergreifend angewandt und erkannt werden (Eder & Brosch, 2017, S. 190). Somit scheint nonverbale Kommunikation eine Funktion von Emotionen zu sein. Im folgenden Kapitel soll auf diese und weitere Funktionen von Emotionen eingegangen werden.

2. Funktion von Emotionen

Die Funktion und somit die Bedeutung von Emotionen für den Menschen sind von vielfältiger Natur. Auch vor dem Hintergrund evolutionärer Aspekte sollen hierbei besonders die informative, die handlungsvorbereitend und die sozial-kommunikative Funktion von Emotionen beleuchtet werden (Eder & Brosch, 2017, S. 195). Aus evolutionsbiologischer Sicht haben Emotionen eine adaptive Funktion, haben also in der menschlichen Entstehungsgeschichte zur Anpassung an die Umwelt und damit zum Überleben des Menschen beigetragen. Folglich weisen Emotionen eine genetische Verankerung auf, die sich auch in den drei genannten Funktionsformen von Emotionen widerspiegeln (Brandstätter et al., 2018, S. 170). Die informative Funktion bezieht sich auf Informationen über Ereignisse und Veränderung über die Umwelt, welche mittels Emotionen überliefert werden können. So beeinflussen Emotionen die Aufmerksamkeitslenkung, da emotionale Reize die Aufmerksamkeit anziehen und somit Chancen und Risiken der Umwelt signalisieren (Assen, 2016, S. 23; Eder & Brosch, 2017, S. 195). Hinzu kommt, dass die erhöhte Aufmerksamkeit auch mit einer besseren Gedächtnisleistung hinsichtlich der emotionalen Reize einher gehen. Des Weiteren wirken Emotionen sowohl als Überwachungssystem, indem sie über Fortschritte oder Rückschläge bei der Zielverfolgung melden, als auch als Feedbacksystem, da sie über die Folgen von Entscheidungen und Handlungen informieren und folglich handlungssteuernd wirken (Eder & Brosch, 2017, S. 195-197). Handlungsvorbereitend sind Emotionen, da sie adaptiv sind und Voraussetzung für motivationale Prozesse (Assen, 2016, S. 23). Dieser Aspekt meint, dass Verhalten aus der Motivation entsteht positive Emotionen zu erlangen bzw.

6

negative Emotionen zu vermeiden. Dies geschieht unter anderem durch die emotionsbedingte Aktivierung des vegetativen Nervensystems, wodurch annäherndes oder vermeidendes Verhalten vorbereitet werden kann (Brandstätter et al., 2018, S. 169-170). Zuletzt haben Emotionen auch eine bedeutende sozial-kommunikative Funktion, da sie zum einen helfen Informationen zu kommunizieren, zum anderen dazu beitragen Signale von Mitmenschen zu erkennen und zu deuten. Emotionen werden dann meistens über Mimik oder Haltung übermittelt. So können Kontakte leichter geknüpft oder auch vermieden werden (Eder & Brosch, 2017, S.199-201). Somit haben Emotionen zusammenfassend eine intra- und eine interpersonelle Funktion, Informieren über bedeutsame Umweltereignisse, generieren Aufmerksamkeit, wirken auf Motivationsprozesse und sind somit Verhaltenssteuernd und wirken in sozialen Kontext in der Interaktion mit Mitmenschen (Eder & Brosch, 2017, S. 201).

3. Entstehung von Emotionen

Die Frage hinsichtlich der Entstehung von Emotionen ist eines der meist debattierten Phänomene in der Emotionspsychologie (Strobach & Wendt, 2019, S. 52). Unterschieden werden dabei evolutionsbiologische, behavioristische, neuro- bzw. psychophysiologische und kognitive sowie konstruktivistische Ansätze zur Emotionsentstehung (Brandstätter et al., 2018, S. 201; Eder & Brosch, 2017, S. 205). Die wichtigsten Grundgedanken dieser Theorien sollen in verkürzter Form folgend dargelegt werden. In evolutionsbiologischen Theorien werden Emotionen als Ergebnis der menschlichen Entstehungsgeschichte aufgefasst, die hoch relevant für Fortpflanzung und Überleben waren. Dabei wird besonders die Bedeutung des mimischen Ausdrucks aus Emotionen heraus hervorgehoben, um beispielsweise Ärger oder Abwehrhaltungen zu signalisieren oder zu erkennen. (Brandstätter et al., 2018, S. 205). Behavioristische Theorien gehen hingegen davon aus, dass Emotionen über die Gesetze der klassischen und operanten Konditionierung, also durch Lernerfahrungen entstehen. Der Aspekt, dass Reize über Konditionierung an Emotionen gekoppelt sind und auch wieder entkoppelt werden können, findet heute noch Bedeutung in der klinischen Psychologie bezüglich Verhaltens- und Konfrontationstherapie, um Phobien und Zwänge zu behandeln (Brandstätter et al., 2018, S. 208). Neuro- und psychophysiologische Ansätze fokussieren sich auf organische Prozesse im Zusammenhang mit Emotionen, wobei die belangvolle Frage diskutiert wird, ob körperliche Strukturen Ursache oder Folge von Emotionen sind (Brandstätter et al., 2018, S. 209). Die James-LangeTheorie ist dabei ein bekannter Ansatz, in dem Vermutet wird, dass emotionale Ereignisse körperliche Reaktionen auslösen (z.B. Schwitzen, erhöhter Herzschlag etc.), die als Emotionen wahrgenommen werden. In diesem

Zusammenhang kann die Facial-Feedback-Hypothese genannt werden, in der angenommen wird, „dass Emotionen von einem propriozeptiven Feedback der Gesichtsmuskulatur beeinflusst werden (schwache Version) oder durch dieses entstehen (starke Version)." (Eder & Brosch, 2017, S. 205-206). Mit der Argumentation, dass die Reaktionen des autonomen Nervensystems zu langsamen sind, um Ursache für schnell einsetzende Emotionen zu sein, entwickelte sich beispielsweise die Cannon-Bard-Theorie, in welcher körperliche Erregung und emotionales Erleben sich nicht bedingen, sondern gleichzeitig ablaufen (Furley & Larborde, 2020, S. 246). Dabei soll das zentrale Verarbeitungssystem im Gehirn, also die Weiterleitung sensorischer Signale an mehrere Gehirnareal durch den Thalamus, verantwortlich für Emotionsentstehung sein (Eder & Brosch, 2017, S. 205). Aktuelle neurophysiologische Forschungen über Emotionen basieren vor allem auf neuartigen bildgebenden Verfahren (z.B. fMRT, PET, etc.), wobei aber nur der Zusammenhang zwischen Emotionen und bestimmten Gehirnregionen erschlossen werden kann. Das sogenannte limbische System wird hier als maßgeblich für emotionale Vorgänge betrachtet (Brandstätter et al., 2018, S.211-212). Modernere Ansätze stellen kognitive Theorien zur Emotionsentstehung dar, welche vermuten, dass Emotionen auf Basis der individuellen Einschätzung von Situationen entstehen, die wiederum den eigenen Bedürfnissen und Ziele zu Grunde liegen. Diese voraussetzenden kognitiven Einschätzungen werden auch „Appraisal" genannt (Eder & Brosch, 2017, S. 210). Die Zwei-Faktoren-Theorie nach Schachter (1971) setzt zusätzlich zu kognitiven Bewertung noch physiologische Erregung voraus, damit Emotionen erlebt werden können (Becker-Carus & Wendt, 2017, S. 547). Die körperliche Veränderung wird aufgrund kultur-sozial bedingter Kategorisierungsprozesse interpretiert, woraus folgend Emotionen entstehen (Bak, 2019, S. 169-170). Basierend auf der Zwei-Faktoren-Theorie sind noch konstruktivistische Ansätze zur Entstehung von Emotionen zu nennen, bei welchen laut Eder und Bosch (2017) „die körperliche Grundlage von Emotionen in sogenannten Rohgefühlen oder Basisaffekten (*core affect*), die neben einer Erregung auch in ihrer Angenehmheit variieren" gesehen werden (S. 211). Zusammenfassend gibt es also vielfältige Betrachtungsmöglichkeiten in der Untersuchung zur Emotionsentstehung, wobei kein Ansatz genannt werden kann, der inhaltlich alle Aspekte der Emotionsentstehung umfasst oder einen allgemeingültigen Konsens darstellt.

4. Emotionsregulation

Emotionsregulation meint den Prozess der Einflussnahme darauf, wann und welche Emotionen erlebt werden und wie diese Emotionen erlebt und ausgedrückt werden (Furley &

Laborde, 2020, S. 251). Vor dem Hintergrund evolutionstheoretischer Annahmen, dass Emotionen adaptiv sind und einen evolutionären Nutzen haben, stellt sich die Frage, warum Emotionen dann bewusst reguliert werden. Begründen lässt sich dies vor allem durch hedonistische oder soziale Motive, also um Lustgewinn zu erlangen bzw. Unlust zu vermeiden und zudem in sozialen Kontext soziale Ziele über Emotionssteuerung zu erreichen. Voraussetzung dafür sind ein adäquates Emotionswissen, welches das Erkennen und Eifferenzieren von Emotionen umfasst sowie Kenntnis über soziale Normen, die sich beispielsweise kulturspezifisch, geschlechter- oder arbeitsbezogen unterscheiden können (Brandstätter et al., 2018, S. 223-225). Bei der Emotionsregulation haben Gross und Thompson (2007) fünf verschieden Aspekte unterschieden, die an verschiedenen Punkten einer emotionalen Episode ansetzten (Eder & Brosch, 2017, S.213). Diese Strategien sollen kurz vorgestellt werden.

Situationsauswahl: Emotionen werden reguliert, indem emotionsauslösende Situationen gezielt aufgesucht oder vermieden werden.

Situationsmodifikation: Aktive Veränderung oder Anpassung von emotionalen Situationen an die eigenen Bedürfnisse, um Emotionen zu regulieren.

Aufmerksamkeitskontrolle: Emotionen können verstärkt oder abgeschwächt werden, indem die Aufmerksamkeit auf bestimmte erregende oder nicht erregende Aspekte einer Situation fokussiert wird.

Kognitive Umbewertung: Emotionen werden reguliert, indem reize oder Situationen umbewertet oder neubewertet werden und ihnen eine andere Bedeutung verliehen wird.

Reaktionskontrolle: Emotionen werden hinsichtlich der daraus resultierenden Reaktion reguliert. Dabei kann entweder die Regulierung der physiologischen Erregung, der subjektiven Erlebenskomponente oder des emotionalen Ausdrucksverhalten im Vordergrund stehen. (Brandstätter et al., 2018, S. 230-231; Eder & Brosch, 2017, S.213)

Die ersten vier Strategien fallen unter die antezedensfokussierte Emotionsregulation, wobei die Regulation bereits bei der Entstehung der Emotionen ansetzt. Reaktionskontrolle hingegen stellt eine reaktionsfokussierte Emotionsregulation dar, bei welcher Einfluss auf die emotionale Reaktion genommen werden soll (Eder & Brosch, 2017, S.213). Zahlreiche Studien untersuchten die Effektivität der Emotionsregulationsstrategien, wobei sich die kognitive Umbewertung, durch Neugestaltung oder Umgestaltung emotionsauslösender Situationen als am erfolgreichsten herauskristallisierte. Während bei ihr die Modifikation der Emotion bereits im Entstehungsprozess ansetzt, müssen bei der Reaktionskontrolle bereits ausgelöste Emotionen reguliert werden, was meistens mit erheblicheren Anstrengungen verbunden ist (Eder & Brosch, 2017, S. 213-214).

5. Emotionsarbeit

In Bezug auf die motivationalen Hintergründe für die gezielte Regulation von Emotionen wurde bereits kurz der Einfluss arbeitsbezogener Normen erwähnt. Kenntnis über soziale Normen wurde in diesem Kontext unter anderem als Vorrausetzung genannt, um überhaupt Emotionen adäquat regulieren zu können (Brandstätter et al., 2018, S. 224-225). Dabei sind unter arbeitsbezogenen Normen spezifische Emotionsnormen zu verstehen, die in Beziehung zur erfolgreichen Berufsausübung stehen. Hochschild (1983) etablierte in diesem Zusammenhang von Emotionsregulation und Arbeitskontext den Begriff der Emotionsarbeit. Dieser Begriff beinhaltet die Prozesse, in denen Emotionen gezielt herbeigeführt oder unterdrückt werden, um Einfluss auf das eigene Erscheinungsbild bzw. das Wirken auf andere Personen zu nehmen. Es kann in zwei Strategien differenziert werden, die „surface acting" und „deep acting" genannt werden. Während bei „surface acting" der Emotionsausdruck unterdrückt wird, dass subjektive Erleben von Emotionen aber kognitiv weiterhin zugelassen wird, kann beim „deep acting" das subjektive Erleben der Emotion so unterdrückt werden, dass der emotionale Ausdruck gar nicht erst entsteht (Brandstätter et al., 2018, S. 336-227).

6. Bedeutung von Emotionsregulation und Emotionsarbeit im beruflichen Alltag

Bezieht man Erkenntnisse über Emotionsregulation und Emotionsarbeit auf den beruflichen Alltag, lässt sich feststellen, dass diese von hoher Bedeutung im beruflichen Kontext sind. Viele Berufe sind durch Emotionsnormen geprägt, die immensen Einfluss auf den beruflichen Erfolg nehmen. Dabei wird zwischen Darstellungsregeln, welche in Bezug zum Emotionsausdruck stehen und Gefühlsregeln unterschieden, die das Erleben von Emotionen beinhalten. Die Emotionsregulation wird dadurch in vielen Berufen zu einer notwenigen Anforderung für die erfolgreiche Ausübung der beruflichen Tätigkeit (Brandstätter et al., 2018, S. 226). Ein klassisches Beispiel stellt dafür der Beruf von Flugbegleiter*innen dar, welche gezielt darauf trainiert werden allen Kunden mit Freundlichkeit und einem Lächeln zu begegnen bzw. negative Gefühle zu Unterdrücken oder nicht zum Ausdruck zu bringen. Besonders bei unangenehm oder unfreundlich auftretenden Fluggästen ist dann eine hohe Kompetenz hinsichtlich der Emotionsregulation erwünscht. Gegensätzlich dazu müssen Polizisten oder Gefängniswerter in der Lage sein, negative Emotionen wie Ärger verstärkt in ihrem Verhalten ausdrücken zu können. Bezieht man nun auch den Begriff in der Emotionsarbeit mit ein, wird erkenntlich, dass sich besonders das „deep acting" als erfolgreiche Methode im beruflichen Alltag erweist. Um das subjektive Erleben so zu beeinflussen, dass gar kein negativer emotionaler Ausdruck erst entstehen kann, eignet sich die Anwendung der Regulationsstrategie der kognitiven Neubewertung. Die Emotionsregulation findet hier bereits frühzeitig, bei der Entstehung der Regulation satt, sodass Darstellungsregeln mit den Gefühlsregeln in Einklang gebracht werden können. Im beruflichen Kontext könnte so beispielsweise ein Verkäufer, der mit einem unhöflichen Kunden in Kontakt gerät, mittels kognitiver Neubewertung, wie der Bewertung, dass diese Situation Teil seines normalen Joballtags ist, verhindern, dass er sich über den Kunden ärgert. Folglich muss er seine Emotionen nicht im Emotionsausdruck unterdrücken, da seine Bewertung der Situation zur Kongruenz zwischen seinen Emotionen und seinem Verhalten geführt hat (Brandstätter et al., 2018, S. 226227).

Aufgabe 3

1. Implizite und explizite Motive

Vor dem Hintergrund der Erforschung menschlicher Motive, wurden verschiedene Methoden entwickelt, mit denen versucht wurde auch die individuellen Unterschiede der basalen Handlungsmotive, Leistungsmotiv, Machtmotiv, Anschlussmotiv und Intimitätsmotiv, bestmöglich zu erfassen. In diesem Kontext konnten sich vor allem der Thematische Auffassungstest (TAT), eine Bildgeschichtenübung, als indirekte Methode nach Morgan und Murray (1935) durchsetzen sowie später direkte Methoden mittels Fragebögen, wie beispielsweise der „Personality Research Form" (PRF) von Jackson (1974), um Handlungsmotive zu messen (Brunstein, 2018, S. 270). Die Erkenntnis, dass die durch die beiden genannten Methode ermittelten Motive nicht miteinander korrelierten löste heftige Debatten aus. McClelland, Koesterne und Weinberg (1989) entwickelte auf Basis dessen die Annahme der Existenz zweier verschiedener und unabhängiger Motivationssysteme, die sie implizite Motive und explizite Motive nannten (Brandstätter et al., 2018, S.82). Beide Motivformen sollen kurz dargelegt werden und hinsichtlich ihrer Unterscheidungsmerkmale beleuchtet werden. Dabei differenzieren sich implizite und explizite Motive unter anderem in Bezug auf ihrer Entstehung, Anreize, Verhaltenskorrelate und Messmethodik (Brandstätter et al., 2018, S. 83-85).

Implizite Motive:

Implizite Motive beschreiben in der frühen, vorsprachlichen Kindheit erlernte Präferenzen für spezifische Anreize. Diese basieren dabei auf affektiven Erfahrungen und werden nicht direkt bzw. bewusst wahrgenommen (Brandstätter et al., 2018, S. 83; Puca & Schüler, 2017, S. 232). Für implizite Motive relevante Anreize sind intrinsische, also tätigkeitsinhärente Anreize, die in der Tätigkeit selbst liegen (Puca & Schüler, 2017, S. 232). Des Weiteren sagen intrinsische Motive operantes Verhalten voraus. Dieses Verhaltenskorrelat meint langfristige Verhaltensweisen, welche eher spontan und aus Eigenmotivation heraus entstehen (Puca & Schüler, 2017, S. 232; Wegner, 2020, S. 190). Aufgrund des Faktors ihrer Unbewusstheit können implizite Motive nur mittels indirekter Messverfahren, wie beispielsweise den bereits erwähnten Bildübungsgeschichten, erfasst werden. Ein mögliches Messverfahren stellt der Thematische Auffassungstest (TAT) nach Morgan und Murray (1935) dar, bei welchem versucht wird „unbewusste Beweggründe durch nichtverbale Hinweisreize bei Personen anzuregen, sodass diese ihre Beweggründe in das Bildmaterial projizieren und in Geschichten zu den Bildern zum Ausdruck bringen." (Brandstätter et al., 2018, S. 86).

Explizite Motive:

Explizite Motive werden erst in der späteren Kindheit erlernt und beziehen sich auf soziale Normen und Erwartungen, die durch Sprache kommuniziert werden können und somit in der Interaktion mit der sozialen Umwelt gefestigt werden (Brandstätter et al., 2018, S. 83; Puca & Schüler, 2017, S. 232). Es handelt sich dabei um bewusste und auf Kognitionen basierende Selbstzuschreibungen, die einen Teil des Selbstkonzepts ausmachen (Brandstätter et al., 2018, S. 83). Explizite Motive werden durch extrinsische, sozial-evaluative Anreize angesprochen und sind folglich stark an sozialen Motiven orientiert (Bak, 2019, S. 129; Puca & Schüler, 2017, S. 232). Sie sagen respondentes Verhalten voraus, welches als bewusstes und reflektiertes Verhalten und Bewerten und als Reaktion auf äußere Faktoren einer Situation beschrieben werden kann (Brunstein, 2018, S. 274; Puca & Schüler, 2017, S. 232). Explizite Motive können durch direkte Messmethoden über Selbstberichte mittels Fragebögen erfasst werden. Ein Beispiel dafür wäre der „Personality Resaerch Form" (PRF) der in der deutschen Version nach Stumpf et al. (1985) grundlegende Persönlichkeitseigenschaften misst. Durch bestehende Subskalen können dabei die verschiedenen basalen Handlungsmotive differenziert betrachtet werden (Brandstätte et al., 2018, S. 89).

2. Motivkongruenz und Motivinkongruenz

Während implizite Motive einen energetisierenden Charakter aufweisen, beeinflussen explizite Motive Handlungen hinsichtlich ihrer Ergebnisse und sozial bedingter Konsequenzen. Da es sich dabei um zwei voneinander unabhängige Motivsysteme handelt, konnte festgestellt werden, dass eine Person mehr oder weniger übereinstimmende explizite und implizite Motive hinsichtlich ihrer Ausrichtungen haben kann (Wegner, 2020, S. 203). Die Ausrichtungen und Ziele der Motivsysteme können in diesem Kontext kongruent oder inkongruent zueinanderstehen, woraus sich die Begrifflichkeiten Motivkongruenz und Motivinkongruenz ergeben (Puca & Schüler, 2017, S. 232). Motivkongruenz bedeutet die thematische Übereinstimmung der expliziten und impliziten Motive eines Individuums. Motivinkongruenz hingegen bezeichnet sich entgegenstehende explizite und impliziten Motive, die in ihrer Ausrichtung nicht übereinstimmen (Wegner, 2020, S. 204). Es kann zwischen vier Kongruenztypen unterschieden werden, die sich in ihrer Ausprägung der expliziten und impliziten Motive unterscheiden. Bei **Motivkongruenztyp I** liegt eine niedrige Ausprägung impliziter und expliziter Motive vor, wodurch er bezüglich seiner Motivsysteme Konfliktfrei ist. Dennoch können Konflikte aufgrund der allgemein geringen Motivation durch äußere Faktoren, wie soziale Erwartungen entstehen. **Der Motivkongruenztyp II** ist hingegen von einer hohen Ausprägung beider Motivsysteme gekennzeichnet. Ein hohes implizites Motiv und ein hohes explizites Motiv stehen kongruent zueinander, wodurch sie koalieren und somit ein effektives zielführendes Verhalten begünstigen. Anders ist dies bei den Motivinkongruenztypen. Der **Motivinkongruenztyp I** zeichnet sich durch ein hohes implizites Motiv aus, während zugleich ein geringes explizites Motiv vorhanden ist. Dies hat zur Folge, dass ein Konflikt zwischen den beiden Motivsystemen entsteht. Es stehen sich Beispielsweise ein hohes Bedürfnis nach Herausforderungen und derer Bewältigung und gering ausgeprägte explizite Motiven gegenüber, die nur leistungsneutrale oder anspruchslose Ziele generieren. So bleibt die Befriedigung der impliziten Motive aus. Auch beim **Motivinkongruenztyp II** besteht ein Konflikt zwischen den Motivsystemen, aber hier seht ein gering ausgeprägtes implizites Motivsystem einem hohen expliziten Motivsystem gegenüber. So werden sich hohe, anspruchsvolle Ziele gesetzt, wobei aber die nötige Energie fehlt, um diese zu erreichen (Brandstätter et al., 2018, S. 91).

Das dauerhafte Bestehen solcher Inkongruenzen kann langzeitig negative Folgen für das Individuum mit sich bringen, die im anschließenden Kapitel genauer dargelegt werden (Wegner et al., 2020, S. 203).

3. Negative Folgen von Motivinkongruenz

Motivkongruente Ziele und somit die Übereinstimmung von impliziten und expliziten Motiven ermöglichen dem Individuum durch die Motivbefriedigung Wohlbefinden zu erleben (Hofer & Hagemeyer, 2018, S. 237). Anders ist dies bei Motivinkongruenz, bei der dauerhaft eher negative Folgen vermutet werde (Brandstätter et al., 2018, S. 92). Motivinkongruenzytpen I und II beinhalten die Problematik, dass entweder Handlungen ausgeführt werden, die als nicht befriedigend oder unangenehm empfunden werden oder dass die Motivbefriedigung nicht erreicht werden kann, da ihr entsprechende Handlungen nicht ausgeführt oder angegangen werden (Brandstätter et al., 2018, S. 91; Puca & Schüler, 2017, S. 232). So lenken die inkongruenten Motivziele von der Motivbefriedigung ab und haben nur einen geringen oder garkeinen Anreiz. Dies hat zur Folge, dass sie nicht nur die Zielumsetzung behindern, sondern auch negativ auf das Wohlbefinden des Individuums wirken (Hofer & Hagemeyer, 2018, S. 237). Diesen negativen Effekt von Motivinkongruenz begründet Baumann et al. (2005) damit, dass der Motivkonflikt als dauerhafter „hidden stressor" wirkt (2005, zitiert nach Puca & Schüler, 2017, S. 232). Der Begriff „hidden stressor" umschreibt eine meist unbewusste, permanent im Hintergrund einflussnehmende Stressquelle, welche einen dauerhaften intrapsychischen Konflikt darstellt. Ähnlich wie andere Stressoren, z.B. Zeitdruck oder Lärm, beeinträchtigt der „hidden stressor" die Handlungsausführung und das individuelle Wohlbefinden körperlich wie emotional (Brandstätter et al., 2018, S. 92; Puca & Schüler, 2017, S. 232). Motivinkongruenz wirkt somit negativ auf volitionale Ressourcen und das emotionale Befinden. Dies ergibt sich beispielsweise aus dem Aspekt heraus, dass das gering ausgeprägte implizite Motiv, wie es im Fall des Motivinkongruenztyps II vorliegt, nicht als Unterstützung dienen kann, um Zielverfolgungsprozesse automatisch in Gang zu setzten bzw. zu steuern. Daraus folgend müssen solche Prozesse auf Kosten volitionaler Ressourcen ausgelöste werden, was wiederum als Anstrengung erlebt wird und mit Unlust assoziiert wird (Puca & Schüler, 2017, S. 232). Da das emotionale Wohlbefinden Affekt, Lebenszufriedenheit und Depressivität umfasst, besteht ein relevanter Zusammenhang zwischen bestehender Motivinkongruenz und psychischer Gesundheit. Hinzukommend kann die Motivinkongruenz nicht nur die psychische Gesundheit negativ beeinflussen, sondern spielt auch eine Rolle in der Identitätsentwicklung. Da festgesellt werden konnte das Motivkongruenz die Lösung von Entwicklungsaufgaben unterstützt und Fortschritte bei der persönlichen Identitätsbildung bewirkt, kann davon ausgegangen werden, dass eine überwiegende Motivinkongruenz eben diese Prozesse behindern könnte (Hofer & Hagemeyer, 2018, S. 237-238). Mit der

Feststellung, dass Motivinkongruenz also negative Auswirkungen hinsichtlich der Zielumsetzung, der persönlichen Entwicklung und der psychischen Gesundheit hat, stellt sich die Frage, welche Maßnahmen zur Prävention von Motivinkongruenz eingesetzt werden können bzw., welche Maßnahmen die Motivkongruenz stärken. Diese Fragestellung soll im folgenden Kapitel bearbeitet werden.

4. Präventions- und Interventionsmaßnahmen

Um Präventions- oder Interventionsmaßnahmen zu entwickelt, mittels derer Motivinkongruenz vermieden bzw. Motivkongruenz begünstigt werden soll, muss zunächst betrachtet werden, aus welchem Zusammenhang heraus eine Inkongruenz zwischen expliziten und impliziten Motiven entsteht. So kann zum einen eine unpassende Zielbildung, in der explizite und implizite Motive nicht vereinbar sind, entstehen, indem emotionale Aspekte während der Zielentwicklung außer Acht gelassen werden und der Fokus zu stark auf sozialen Erwartungswerten liegt. Dabei wird die Übereinstimmung der gesetzten Ziele mit den individuellen impliziten Motiven eher unwahrscheinlich (Puca & Schüler, 2017, S. 233). Zum anderen kann der Informationsgehalt impliziten Motive bei fehlendem Zugang zum eigenen Körpergefühl gar nicht erst wahrgenommen werden, um bei der Zielbildung expliziter Ziele mitzuwirken. Zusätzlich kann auch eine fehlende referentielle Kompetenz als Begründung für Motivinkongruenz genannt werden (Brandstätter et al., 2018, S. 93). Referentielle Kompetenz beschreibt die Fähigkeit non-verbale Repräsentationen, die auf dem Affektbasierten impliziten Motivsystem beruhen, in verbale Repräsentationen, die Sprachbasiert sind, übersetzten zu können und umgekehrt (Brandstätter et al., 2018, S. 93; Puca & Schüler, 2017, S. 233). Referentielle Kompetenz kann in diesem Zusammenhang als Persönlichkeitsmerkmal aufgefasst werden (Brandstätter et al., 2018, S. 93).

Mit diesen Begründungen können Ansätze entwickelt werden, durch welche die Motivinkongruenz abschwächt oder vermieden werden können und Motivkongruenz gestärkt werden soll. So ist es beispielsweise sinnvoll den Zugang zum eigenen Körpergefühl zu stärken und zugleich eine niedrige Ausprägung der Selbstüberwachung anzustreben, welche die Neigung meint, die soziale Angemessenheit des eigenen Verhaltens dauerhaft zu bewerten (Brandstätter et al., 2018, S. 93). Um das eigene Körpergefühl näher wahrnehmen zu können bzw. die eigenen impliziten Motive zu erkennen könnte auf wissenschaftliche indirekte Messmethoden, wie die kurz vorgestellten Bildgeschichtenübungen oder auch den Operanten Motivtest oder das Mulit-Motiv-Gitter, zurückgegriffen werden. Bedeutsam bei alle diesen Methoden ist, dass sie durch die Umgehung bewusster Angaben, die unbewussten Motive ermitteln können (Brandstätter et al., 2018, S. 86-89). Besonders eine handlungsorientierte Persönlichkeitsstruktur, wie sie bereits in Kapitel 1.2 vorgestellt wurde, scheint von Vorteil zu sein, um Misserfolge schneller zu verarbeiten, Entspannungszustände einfacher erzeugen zu können und somit einen besseren Zugriff auf das implizite Motivationssystem zu haben (Brandstätter et al., 2018, S. 93). Durch das bewusste Erkennen non-verbaler Körpergefühle und das Vermeiden der ständigen sozialen Bewertung der eigenen Handlungen, kann die Entwicklung des motivationalen Selbstbild gefördert werden, welches dann mit den impliziten Motiven übereinstimmt (Brandstätter et al., 2018, S. 93). Auch spontane Fantasien oder Tagträume sollten Beachtung finden, da sie Hinweise auf die persönlichen impliziten Motive geben. Ziele, die auf solchen Vorstellungen beruhen stimmen dann wahrscheinlicher mit den impliziten Motiven überein (Puca & Schüler, 2017, S. 233). Dieses Konzept wird auch Imaginieren von Zielen genannt und soll eine sinnbildliche Brücke zwischen den impliziten Motiven und der expliziten Zielbildung und -setzung schaffen, um die Ziele dem impliziten Motivsystem anzupassen (Brandstätter et al., 2018, S. 93). Nach Brandstätter et al. (2018) stelle eine mögliche Weiterentwicklung dieser Methode dar, „über verschiedene Zieloptionen zu fantasieren und hierbei den Fokus auf motivspezifische affektive Anreize wie Freude und Flow (Leistung), Glück (Anschlussmotiv) und ein Gefühl der Stärke (Machtmotiv) zu legen." (S. 93). Bei bereits vorliegender Motivinkongruenz können emotionale Bewältigungsstrategien hilfreich sein, um die Folgen der Inkongruenz abzuschwächen. Ein Beispiel dafür stellt „emotional disclosure" dar, also das Offenlegen emotionaler Erlebnisse, um diese besser zu Identifizieren und Verarbeiten zu können (Brandstätter et al., 2018, S. 93). Zusammenfassend ergibt sich Motivinkongruenz aus zu starker sozialer Orientierung und zu geringer Selbstwahrnehmung eigener Affekte in der Zielsetzung. Zudem können auch ein schlecht ausgeprägter Zugang zu eigenen Körpergefühlen und eine geringe referentielle Kompetenz eine Inkongruenz zwischen impliziten Motiven und expliziter Zielsetzung begünstigen. Methoden, um diese Inkongruenz zu reduzieren, können entweder in der Milderung der Folgen von Motivinkongruenz ansetzen, beispielsweise mittels emotionaler Bewältigungsstrategien oder an der Vermeidung von Inkongruenz ansetzten, indem explizit Ziele gesetzt werden, die zu den ermittelten impliziten Motiven passen (Brandstätter et al., 2018, S. 93).

Literaturverzeichnis

Achtziger, A. & Gollwitzer, P. M. (2018). Motivation und Volition im
Handlungsverlauf. In J. Heckhausen & H. Heckhausen (Hg.), *Springer-Lehrbuch.*
Motivation und Handeln (S. 355–388). Springer Berlin Heidelberg.
https://doi.org/10.1007/978-3-662-53927-9_12

Assen, C. (2016). *Crash-Kurs Psychologie.* Springer Berlin Heidelberg.
https://doi.org/10.1007/978-3-662-43359-1

Bak, P. M. (Hg.). (2019). *Angewandte Psychologie Kompakt. Lernen, Motivation und*
Emotion. Springer Berlin Heidelberg. https://doi.org/10.1007/978-3-662-59691-3

Bak, P. M. (2019). Was sind Emotionen? In P. M. Bak (Hg.), *Angewandte Psychologie*
Kompakt. Lernen, Motivation und Emotion (S. 145–163). Springer Berlin
Heidelberg. https://doi.org/10.1007/978-3-662-59691-3_11

Becker-Carus, C. & Wendt, M. (Hg.). (2017). *Allgemeine Psychologie.* Springer Berlin
Heidelberg. https://doi.org/10.1007/978-3-662-53006-1

Becker-Carus, C. & Wendt, M. (2017). Motivation. In C. Becker-Carus & M. Wendt (Hg.),
Allgemeine Psychologie (S. 485–538). Springer Berlin Heidelberg.
https://doi.org/10.1007/978-3-662-53006-1_11

Brandstätter, V [Veronika]. (2009). *Handbuch der allgemeinen Psychologie - Motivation und*
Emotion. Handbuch der Psychologie: Bd. 11. Hogrefe.

Brandstätter, V [V.] & Hennecke, M. (2018). Ziele. In J. Heckhausen & H. Heckhausen
(Hg.), *Springer-Lehrbuch. Motivation und Handeln* (S. 331–353). Springer Berlin
Heidelberg. https://doi.org/10.1007/978-3-662-53927-9_11

Brandstätter, V [Veronika], Schüler, J., Puca, R. M. & Lozo, L. (2018). *Motivation und*
Emotion: Allgemeine Psychologie für Bachelor. Springer-Lehrbuch. Springer Berlin
Heidelberg.

Brunstein, J. C. (2018). Implizite und explizite Motive. In J. Heckhausen & H.
Heckhausen (Hg.), *Springer-Lehrbuch. Motivation und Handeln* (S. 269–295). Springer
Berlin Heidelberg. https://doi.org/10.1007/978-3-662-53927-9_9

Eder, A. & Brosch, T. (2017). Emotion. In J. Müsseler & M. Rieger (Hg.), *Allgemeine*
Psychologie (S. 185–222). Springer Berlin Heidelberg. https://doi.org/10.1007/9783-642-
53898-8_7

Englert, C. & Bertrams, A. (2020). Volition im Sport. In J. Schüler, M. Wegner & H. Plessner (Hg.), *Sportpsychologie* (S. 211–232). Springer Berlin Heidelberg. https://doi.org/10.1007/978-3-662-56802-6_10

Furley, P. & Laborde, S. (2020). Emotionen im Sport. In J. Schüler, M. Wegner & H. Plessner (Hg.), *Sportpsychologie* (S. 235–265). Springer Berlin Heidelberg. https://doi.org/10.1007/978-3-662-56802-6_11

Gerrig, R. J. (2018). *Psychologie* (21. Aufl.). *PS, Psychologie*. Pearson.

Goschke, T. (2017). Volition und kognitive Kontrolle. In J. Müsseler & M. Rieger (Hg.), *Allgemeine Psychologie* (S. 251–315). Springer Berlin Heidelberg. https://doi.org/10.1007/978-3-642-53898-8_9

Heckhausen, J. & Heckhausen, H. (Hg.). (2018). *Springer-Lehrbuch. Motivation und Handeln.* Springer Berlin Heidelberg. https://doi.org/10.1007/978-3-662-53927-9

Hofer, J. & Hagemeyer, B. (2018). Soziale Anschlussmotivation: Affiliation und Intimität. In J. Heckhausen & H. Heckhausen (Hg.), *Springer-Lehrbuch. Motivation und Handeln* (S. 223–243). Springer Berlin Heidelberg. https://doi.org/10.1007/9783-662-53927-9_7

Konrad, K. (2018). *Lern- und Veränderungsprozesse aktiv gestalten: Mehrebenenkonzepte und Fördertechniken in Coaching, Aus- und Weiterbildung.* Kohlhammer Verlag.

Müsseler, J. & Rieger, M. (Hg.). (2017). *Allgemeine Psychologie*. Springer Berlin Heidelberg. https://doi.org/10.1007/978-3-642-53898-8

Myers, D. G. (2014). *Psychologie*. Springer.

Puca, R. M. & Schüler, J. (2017). Motivation. In J. Müsseler & M. Rieger (Hg.), *Allgemeine Psychologie* (S. 223–249). Springer Berlin Heidelberg. https://doi.org/10.1007/978-3-642-53898-8_8

Schmithüsen, F. (2015). *Lernskript Psychologie*. Springer Berlin Heidelberg. https://doi.org/10.1007/978-3-662-44941-7

Schüler, J., Wegner, M. & Plessner, H. (Hg.). (2020). *Sportpsychologie: Grundlagen und Anwendung* (1. Auflage 2020). Springer Berlin Heidelberg.

Schüler, J., Wegner, M. & Plessner, H. (Hg.). (2020). *Sportpsychologie*. Springer Berlin Heidelberg. https://doi.org/10.1007/978-3-662-56802-6

Strobach, T. & Wendt, M. (2019). *Allgemeine Psychologie: Ein Überblick für Psychologiestudierende und -interessierte. Was ist eigentlich ...?* Springer Berlin Heidelberg.

Wegner, M. (2020). Implizite Motive im Sport. In J. Schüler, M. Wegner & H. Plessner (Hg.), *Sportpsychologie* (S. 185–210). Springer Berlin Heidelberg. https://doi.org/10.1007/978-3-662-56802-6_9